FICHE DE LECTURE

Document rédigé par Isabelle De Meese
maitre en langues et littératures françaises et romanes
(Université catholique de Louvain)

Pauline

Alexandre Dumas

lePetitLittéraire.fr

Alexandre Dumas
Écrivain français

- **Né en 1802 à Villers-Cotterêts**
- **Décédé en 1870 à Puys**
- **Quelques-unes de ses œuvres :**
  Pauline (1838), roman
  Les Trois Mousquetaires (1844), roman
  Le Comte de Monte-Cristo (1844-1845), roman

Alexandre Dumas (1802-1870), souvent désigné en tant que « père » afin de le distinguer de son fils, est un écrivain français, proche du romantisme. Fils d'un général aux origines afro-antillaises, il commence à travailler dès son plus jeune âge avant de se tourner vers l'écriture. Il rencontre rapidement le succès avec ses vaudevilles et ses drames historiques. Il écrit alors une quantité impressionnante d'œuvres, parmi lesquelles on peut retenir *Henri III et sa cour* (1829) ou encore *Kean ou Désordre et Génie* (1836). Mais c'est avec sa série de fresques historiques qu'il passe véritablement à la postérité, notamment avec la trilogie des *Trois Mousquetaires* en 1844 ou avec *Le Comte de Monte-Cristo* la même année.

Pauline
Une subtile alliance entre romantisme et gothique

- **Genre :** roman
- **Édition de référence :** *Pauline*, Paris, Librairie générale française, coll. « Le Livre de Poche », 2010, 256 p.
- **1re édition :** 1838
- **Thématiques :** amour, femme, nature, héroïsme, mal du siècle, secret

Pauline, l'un des premiers romans de Dumas, publié en 1838, fait de l'écrivain un romancier. En effet, Dumas était jusqu'alors célèbre comme dramaturge. L'œuvre emprunte au romantisme et au gothique tout en manifestant le génie de l'intrigue de l'auteur, ainsi que sa poétique du secret.

Ce récit, porté par trois narrateurs (Alexandre Dumas, Alfred de Nerval et Pauline de Meulien), se concentre sur Pauline, une mystérieuse jeune femme autour de laquelle plane un terrible secret. De fil en aiguille, le lecteur assiste à la levée des énigmes et découvre l'histoire malheureuse de Pauline.

RÉSUMÉ

CHAPITRE 1

En 1834, Alexandre Dumas (personnage-narrateur) se trouve dans le salon de Grisier quand Alfred de Nerval fait son entrée. Dumas explique que ce jeune homme est évoqué dans ses *Impressions de voyage en Suisse* (1833-1837) : il l'avait croisé plusieurs fois en compagnie d'une femme mystérieuse et souffrante dont il avait appris qu'elle s'appelait Pauline. Plus tard, en Italie, il avait trouvé la tombe de la jeune fille. Il avait semblé à Dumas qu'il l'avait déjà vue quelque part auparavant en bonne santé, mais il avait renoncé à percer ce mystère jusqu'à ce qu'il revoie Alfred. Celui-ci découvre une cicatrice de balle de pistolet à l'épaule. Secrètement, il dit à Alexandre que cela a un rapport avec Pauline et qu'il lui racontera tout.

CHAPITRES 2-6

Alfred de Nerval prend en charge la narration. Après avoir hérité de son oncle, il voyage beaucoup. Il veut visiter l'Angleterre et, avant de partir, il séjourne en Normandie. Son hôtesse lui raconte les vols et meurtres qui affectent la région depuis trois mois. On retrouve le corps d'un Anglais dans un fossé, sa femme demeurant introuvable.

Alfred décide de visiter les côtes seul à bord d'une barque. Un orage éclate. Il se réfugie dans les ruines d'une abbaye. Il est réveillé pendant la nuit par le bruit d'une porte qui se referme. Plus tard, il entend quelqu'un fermer des portes et monter des escaliers. L'homme sort par où il était entré et se dirige vers le cimetière où il enterre une clé sous une tombe. Le matin, Alfred retourne au village. Il apprend que le château de Burcy, attenant à l'abbaye, appartient à Horace de Beuzeval, le mari de Pauline de Meulien, dont Alfred est amoureux. Dumas comprend que c'est la femme mystérieuse rencontrée en Suisse, mais aussi celle qu'il a déjà aperçue dans des salons.

Le lendemain, Alfred apprend la mort de Pauline, assassinée pendant la nuit chez elle. Il se présente comme élève en chirurgie et se rend au château. Il est le seul à comprendre qu'il ne s'agit pas du cadavre de Pauline. Lorsqu'arrive un homme à cheval, on lui dit qu'il s'agit du comte de Beuzeval. Il reconnait l'homme qu'il a vu pendant la nuit au cimetière. Nerval se décide alors à investiguer seul.

Il récupère la clé cachée sous la tombe, ouvre plusieurs portes et descend dans les caveaux. Dans l'un d'eux se trouve Pauline, à l'agonie. Ils fuient et décident de partir pour Londres où ils feront passer Pauline pour la sœur d'Alfred. La jeune femme lui fait promettre de ne plus jamais évoquer son amour pour elle.

CHAPITRES 7-13

Pauline prend en charge la narration. En 1830, Mme de Lucienne l'invite elle et sa mère à passer la journée dans son château pour chasser le sanglier. Paul, le fils de Mme de Lucienne, tire sur l'animal, qui s'acharne alors sur lui. Sous les yeux de Pauline, Horace, qu'elle ne connait pas, sauve Paul.

À la suite de cet évènement, le comte fascine Pauline autant qu'il la répugne et l'effraie. Elle le fuit en regagnant Paris pour participer à un anniversaire. Mais le comte s'y trouve aussi : contre la volonté de Pauline, il l'invite à danser, puis ils chantent un duo du *Don Giovanni*. L'opéra de Mozart (compositeur allemand, 1756-1791) représente si bien la détresse dans laquelle elle se trouve qu'elle s'évanouit. Pauline fuit et retourne à la campagne, mais Horace la suit. Il la demande en mariage et lui dit que si elle refuse, il la poursuivra. Ils se marient.

Horace lui présente deux de ses amis qu'il considère comme ses frères. Il dit être heureux, mais son front soucieux et ses cauchemars attestent du contraire pour Pauline, qui pressent un grand malheur. Au mois de juillet, le comte lui annonce qu'il part chasser trois mois dans son château de Burcy avec ses amis. Il interdit à Pauline de l'accompagner en raison du délabrement du château.

Malgré l'interdiction de son mari, Pauline le rejoint en Normandie au château, qu'elle trouve en bon état. Horace lui dit qu'elle a eu tort de venir. Il lui annonce qu'il doit la laisser seule quelques jours pour une partie de chasse. Pauline explore l'extérieur (les ruines de l'abbaye, le pavillon fermé, le cloitre, le cimetière, etc.) et l'intérieur du château. La nuit venue, elle est terrifiée : dans la bibliothèque, elle découvre une porte secrète ; vers 23 heures, il lui semble entendre la détonation d'un coup de pistolet ; par la fenêtre, elle distingue Horace et ses deux amis portant un corps de femme. Pourtant, au réveil, le domestique lui dit que son mari n'est pas rentré.

Pauline se décide à enquêter. Elle franchit la porte secrète, marche un long moment, puis arrive dans une pièce d'où elle observe le comte, ses amis et son domestique. En réalité, ils ne sont pas partis. Ils séquestrent une Anglaise qu'Horace tue. Pauline pousse alors un cri et s'évanouit. Lorsqu'elle revient à elle, elle se trouve dans le caveau à côté d'une lettre et d'un verre de poison. Horace lui écrit qu'il la sacrifie pour préserver son secret et que l'Anglaise sera ensevelie à sa place. Désespérée et délirante, elle boit le poison. Plus tard, Alfred la sauve.

CHAPITRES 14-16

Alfred de Nerval reprend la narration. En Angleterre, Pauline et Alfred vivent paisiblement malgré la mélancolie de la jeune femme qui est en mauvaise santé. Sur les conseils du Dr Sercey, ils voyagent. Alfred reçoit une lettre de sa mère qui lui apprend qu'un parti se présente pour sa sœur Gabrielle : Horace de Beuzeval. Alfred part en France, et trouve sa mère et sa sœur en compagnie du comte : il empêche le mariage en avertissant Horace qu'il sait tout. Ils organisent un duel au pistolet à Versailles : Alfred est blessé à l'épaule, il tue Horace d'un coup dans la poitrine et rentre à Londres.

Huit jours plus tard, Pauline apprend dans le journal qu'un duel mystérieux a eu lieu, au cours duquel Horace a été tué. Elle s'évanouit, puis est en proie au délire. Le docteur perçoit qu'un secret la dévore et craint pour sa vie. Pour distraire Pauline, Alfred l'emmène en Suisse, où ils croisent Alexandre Dumas. Un soir, en Italie, Pauline embrasse Alfred et lui dit qu'elle est heureuse. Pendant la nuit, elle l'appelle, à l'agonie, et Alfred recueille son dernier souffle dans un baiser.

ÉTUDE DES PERSONNAGES

PAULINE

Elle est à la fois le personnage central du roman autour duquel tourne l'intrigue et la narratrice des chapitres 7 à 13.

Jeune fille qui n'a pas encore connu l'amour, elle se présente dans le monde comme la riche héritière de son père. Elle épouse Horace de Beuzeval, un homme qui la fascine autant qu'il la répugne. Elle a l'intuition du mal et elle a conscience d'être la proie d'Horace. Elle mène ainsi une vie triste et inquiétante jusqu'au jour où le malheur qu'elle avait pressenti a lieu : elle découvre que son époux est un grand criminel et ce dernier l'enferme vivante dans un caveau. C'est Alfred de Nerval, qui est amoureux d'elle, qui la sauve.

Fragile, douce et mélancolique, cette jeune femme mystérieuse aux longs cheveux noirs est semblable à une morte vivante à la fin de sa vie tant elle est dévorée par son passé. Tout en elle prédit sa mort : elle est « blanche et légère comme une ombre, marchant au bord de l'abîme sans plus paraitre s'en inquiéter que si elle appartenait déjà à un autre monde » (p. 41). Cette description contraste avec la Pauline joyeuse d'avant son mariage : « Pauline de Meulien ! [...] une femme charmante, pleine de talents, de charmes et d'esprit ! » (p. 65)

Les trois personnages principaux sont liés les uns aux autres et Pauline est au cœur de cette relation :

- Pauline est enchainée à Horace et Alfred est lié à la jeune fille ;
- Alfred tue Horace, ce qui déclenche la crise de folie et accélère la mort de Pauline ;
- le décès de sa dulcinée entraine la profonde tristesse d'Alfred.

Deux images de l'amour nous sont offertes à travers la relation platonique qui unit Pauline et Alfred et à travers celle, terrible, qui lie Pauline et Horace. On peut y voir les deux tons du roman, qui est à la fois romantique et gothique.

ALFRED DE NERVAL

C'est l'un des narrateurs du roman. C'est un homme courageux et fiable, qui aime Pauline « de toute son âme » (p. 66). Héritier de son oncle, il peut se permettre de flâner, de voyager et de se consacrer à sa passion, la peinture.

Alfred de Nerval n'est pas sans rappeler le pseudonyme de Gérard Labrunie, dit Gérard de Nerval, qui était un ami d'Alexandre Dumas. C'est un jeu littéraire qui fait de la personne réelle un personnage de fiction. À la manière de Gérard de Nerval, Alfred compare la femme aimée, en l'occurrence Pauline, à une étoile.

BON À SAVOIR : GÉRARD DE NERVAL

Gérard Labrunie, dit Gérard de Nerval (1808-1865), est un écrivain romantique français. Il est l'auteur de recueils de poèmes (*Les Chimères*, 1854), de récits de voyage (*Le Voyage en Orient*, 1851), de nouvelles (*Les Filles de feu*, 1854) et de récits (*Aurélia*, 1855).

La relation entre Alfred et la jeune fille est digne de celle d'Orphée et Eurydice, à qui ils sont comparés dans les *Impressions de voyage en Suisse*. En effet, Alfred descend dans les caveaux pour sauver Pauline comme Orphée est descendu dans les enfers pour ramener Eurydice. Alfred ne cesse de prendre soin de Pauline mais, comme Orphée, il perd finalement son grand amour.

BON À SAVOIR : ORPHÉE

Dans la mythologie classique, Orphée est un poète et musicien, époux d'Eurydice. Un jour, Eurydice refuse les avances d'Aristée, un dieu champêtre, et s'enfuit. Elle marche alors sur un serpent qui la mord et elle meurt. Orphée se rend dans les enfers dans l'espoir de ramener sa bien-aimée. Il en obtient la permission à une seule condition : qu'il ne se retourne pas vers Eurydice jusqu'à leur arrivée dans la lumière du soleil. Malheureusement, Orphée ne tient pas sa promesse et Eurydice disparait.

Pauline et Alfred entretiennent une relation fraternelle, ce qui est difficile à supporter pour Alfred. La jeune fille n'a plus que lui au monde et il lui est entièrement dévoué : « Oh ! tout ce que vous voudrez, tout, tout, tout ! » (p. 81) Leur amour chaste, pur et absolu ne sera jamais consommé. À la fin du roman, elle lui fait une déclaration d'amour qui précède cependant son dernier souffle.

Entre Alfred et Horace, il y a une relation duelle. Tous deux veulent épouser Pauline et tous deux doivent hériter, mais Horace devance Alfred. Celui-ci tue finalement Horace, mais perd ainsi Pauline, dont la santé est fragile.

HORACE DE BEUZEVAL

C'est un homme pâle, au regard noir et aux cheveux blonds. C'est un « composé de contrastes » (p. 105) : sa « voix si douce [prend] successivement des accents éclatants et sombres ; puis tout à coup enthousiasme ou amertume, espérance ou mépris [...] » (p. 116). D'autre part, il possède de nombreuses caractéristiques féminines (sa taille, son teint, ses mains), ce qui contraste avec son endurance et sa force (le héros dumasien est souvent capable d'accomplir des exploits physiques).

Mystérieux, ténébreux et froid, il se révèle être un criminel qui maitrise parfaitement ses émotions. Il est le seul personnage principal à ne pas prendre en charge la narration : on ne connait de lui que ce que les autres peuvent en dire.

Il incarne la figure du mal et provoque chez Pauline un mélange de fascination-répulsion. Horace persuade Pauline qu'elle l'aime : « Vous m'aimez !... merci, merci ! » (p. 127) Elle qui ne connait encore rien à l'amour se laisse convaincre. Leur relation terrible fait de lui le bourreau et d'elle la victime : il lui impose le mariage, il la capture mentalement, puis physiquement, avant de la sacrifier finalement à son entreprise secrète. Plusieurs indices du début de leur relation présagent le malheur futur :

- durant leur première danse, Pauline dit qu'« il [lui] sembl[e] que c'[est] la première fois qu['elle entend] supplier, gémir et se briser l'âme souffrante, dont l'auteur du *Freyschütz* [un opéra de Weber, compositeur allemand, 1786-1826] a exhalé les soupirs dans ses mélodies » (p. 121) ;
- Horace chante un morceau inspiré du *Faust* de Goethe (écrivain allemand, 1749-1832) : « Je n'ai plus, il est vrai, ni illusion ni scrupule, je ne crains ni Dieu ni Satan ; mais j'ai payé ces avantages au prix de toutes les joies de la vie » (p. 123) ;
- à deux, Horace et Pauline chantent le duo de *Don Giovanni*, un opéra de Mozart. Ainsi, Horace en don Juan dit : « Là-bas, tu me donneras la main,/ Là-bas, tu me diras oui », et Pauline reprend : « Le voudrai-je, ne le voudrai-je pas ?/ Mon cœur tremble un peu. » Pauline se sent si mal qu'elle s'évanouit.

CLÉS DE LECTURE

UNE ŒUVRE ROMANTIQUE

Le romantisme est un mouvement littéraire et artistique qui apparait vers 1820. De nombreux thèmes romantiques sont présents dans *Pauline*. Ainsi, outre le lyrisme (Alfred et Pauline expriment sans cesse leurs sentiments personnels), on retrouve la nostalgie (Pauline regrette sa jeunesse innocente et heureuse) et l'isolement (la jeune femme doit abandonner tout le monde, excepté Alfred), mais également d'autres motifs typiques du romantisme.

L'amour

Pour les romantiques, le mariage (Horace et Pauline) s'oppose à l'amour passionnel et sacré (Alfred et Pauline). Dans les deux cas, l'amour que connait Pauline est tragique parce qu'il est lié à la mort. Dans le roman, on retrouve de grandes déclarations d'amour typiques du romantisme :

- le coup de foudre raconté par Alfred : « [...] quelqu'un parla de vous et prononça votre nom. Pourquoi mon cœur battit-il à ce nom que j'entendais pour la première fois ? [...] il y avait un cœur frère de votre cœur [...]. Votre bouche sourit, les premiers sons de votre voix [...] un air de Bellini [compositeur allemand, 1801-1835] mélodieux et simple [...] je pleurai » (p. 97) ;

- la déclaration finale de Pauline à Alfred : « Alfred, en face de ce lac, de ces montagnes, de ce ciel, de toute cette nature sublime, en face de Dieu, qui les a faits, oui, Alfred, je vous aime ! » (p. 211)

L'amour est aussi celui pour la famille et pour la patrie : « Croyez-vous, me dit-elle en gardant son immobilité, croyez-vous que l'on quitte pour toujours sa patrie, sa famille, sa mère, sans que le cœur se brise ? » (p. 85)

La femme

Le roman offre une description toute romantique de l'héroïne : « Je me figurai que cet oiseau qui avait chanté, c'était l'âme de la jeune fille qui avait dit son cantique d'adieu à la terre, et que, puisqu'il ne chantait plus, c'est qu'elle était déjà remontée au ciel. » (p. 45) De plus, comme Gérard de Nerval, poète romantique, Alexandre Dumas fait de Pauline une femme-étoile : « L'étoile que j'avais vue filer à travers le ciel s'était éteinte. » (p. 45)

La nature

Les personnages passent des heures à contempler la nature et le sublime des paysages : « Je contemplais avec une terreur pleine de curiosité ce spectacle prodigieux [...] jamais pinceau humain n'en pourra rendre l'épouvantable grandiose et la terrible majesté. » (p. 57) L'immensité de la nature est célébrée à travers l'orage, la tempête, le soleil, la montagne, la mer, etc.

Par ailleurs, la nature reproduit les tourments de l'âme humaine: « Il y avait dans mon cœur une tempête plus terrible que celle de la nature. » (p. 164) La nature et l'homme font un: « J'étais le fleuve qui emportait sa barque à mon courant, j'étais le soleil d'où lui venait la lumière. » (p. 184)

L'héroïsme et Dieu

Le héros romantique est courageux et semble agir grâce à l'intervention divine: « J'obéissais à une voix intérieure qui me venait du ciel» (p. 68); « Dieu m'a conduit vers vous. » (p. 80) Alfred parle même de « mission » (p. 80).

Le mal du siècle

Il s'agit de la difficulté de vivre, du malêtre dans la haute société parisienne dans les années 1830. Cet état est typiquement romantique. Les personnages de *Pauline* sont en proie à ce mal du siècle. Ils ont soif d'aventures et de romanesque, mais l'ennui les guette. Ils mènent une vie oisive, ils voyagent, ils peignent, ils brodent, ils chassent et ils se soumettent finalement à la fatalité.

UN ROMAN GOTHIQUE

Le roman gothique est un genre littéraire dont *Le Château d'Otrante* (1764) d'Horace Walpole (écrivain britannique, 1717-1797) marque la naissance. Dans *Pauline*, on retrouve les lieux communs propres à ce genre:

- des personnages stéréotypés : une jeune fille poursuivie et persécutée (Pauline), un bourreau (Horace), une société de brigands (Horace et ses amis), un sauveur (Alfred) ;
- du mystère : le suspense demeure autour du secret de Pauline (on sait dès le début qu'elle est morte, mais on ignore pourquoi) ;
- une atmosphère angoissante et inquiétante : des vols et des meurtres sont commis ; Alfred, surpris par l'orage, se retrouve dans les ruines d'une abbaye, etc. ;
- des situations : héroïne enfermée vivante dans un caveau sous une église ; substitution de cadavres ; jeune fille qui s'évanouit ; bruits dans la nuit ; secret du passé qui hante le présent ; clé cachée dans un cimetière ; déguisements de Pauline (en Mlle de Nerval) et d'Horace (en paysan) ; vols ; meurtres ; incendies et terreur qui règne en Normandie, etc. ;
- des décors : le château de Burcy, la galerie souterraine, le passage secret, le pavillon fermé, les ruines de l'abbaye au sommet de la montagne, le cloitre, le caveau, le cimetière, les corridors, la porte secrète, le noir, la nuit, l'orage, la tempête, la lune, etc.

LE STYLE DUMASIEN

Seul ou en collaboration, Dumas a écrit une œuvre immense. C'est seul qu'il écrit *Pauline*, dans un style qui reste marqué par la rémunération à la ligne du roman feuilleton (il est à noter que seul le chapitre 7 de *Pauline* a paru dans la presse) et dont les principales caractéristiques sont :

- la brièveté et le naturel des répliques dans les dialogues ;

- le rythme de la narration qui alterne entre descriptions, évènements et dialogues pour capter l'attention du lecteur ;
- des interventions de régie (telles que « dit le narrateur » pour marquer le changement de narrateur, p. 51) ;
- le sens du détail topographique, vestimentaire, physique et psychologique ;
- l'imagination narrative avec des rebondissements multiples et du suspense.

ATTESTER LA VÉRITÉ DE LA FICTION

Dumas utilise plusieurs procédés pour ancrer sa fiction dans le réel :

- la narration est confiée à trois personnages : Alexandre Dumas est le premier narrateur du roman, puis il donne la parole à son héros Nerval, qui offre ensuite lui-même la parole à Pauline. Cette construction promet au lecteur qu'il saura tout puisque l'histoire lui est racontée selon les différents points de vue des acteurs impliqués dans l'intrigue ;
- Dumas place dans son histoire des personnes réelles : lui-même, Alfred de Nerval (qui ressemble étrangement à Gérard de Nerval) et Pauline (qu'il évoque dans un récit de voyage qu'il mentionne dans le roman) ;
- la vie mondaine évoquée dans le roman rend la fiction réelle puisqu'il s'agit effectivement de celle de l'époque. Le lecteur des années 1830 était donc en territoire connu : il reconnaissait les salons, les salles d'armes, et les comtes et comtesses du roman.

PISTES DE RÉFLEXION

QUELQUES QUESTIONS POUR APPROFONDIR SA RÉFLEXION…

- Quelles images de l'amour Alexandre Dumas propose-t-il à travers les relations entre, d'une part Alfred de Nerval et Pauline, d'autre part entre cette dernière et Horace de Beuzeval ?
- Alexandre Dumas, dans *Impressions de voyage en Suisse*, compare le couple formé par Alfred de Nerval et Pauline à celui d'Orphée et Eurydice. Expliquez cette comparaison.
- Le romantisme est un mouvement littéraire et artistique qui apparait en France dans les années 1820. Par conséquent, *Pauline* (1838) parait au moment où ce courant est en pleine expansion. Sent-on l'influence du romantisme dans l'œuvre de Dumas ? Expliquez.
- Qu'est-ce qui rattache cette œuvre à la tradition du roman gothique ?
- Ce roman était au départ destiné à être publié sous la forme d'un roman feuilleton dans la presse, l'auteur étant rémunéré à la ligne (finalement, seul le chapitre 5 a été publié dans la presse). Ce type de publication induit des techniques d'écriture spécifiques. Cela se reflète-t-il dans le roman de Dumas ? Expliquez.
- Qu'est-ce qui peut expliquer le grand succès des romans feuilletons dès 1840 ? Selon vous, ce genre de publication aurait-il encore du succès aujourd'hui ? Justifiez.

- Pourriez-vous trouver des points communs entre un roman feuilleton tel que *Pauline* et les séries télévisées d'aujourd'hui ? Lesquels ?
- Pourquoi, à votre avis, Dumas confie-t-il la narration à plusieurs personnages ?

POUR ALLER PLUS LOIN

ÉDITION DE RÉFÉRENCE

- Dumas A., *Pauline*, Paris, Librairie Générale Française, coll. « Le Livre de Poche », 2010.

ADAPTATION

- *Pauline*, pièce d'Eugène Grangé et Xavier de Montépin, avec la collaboration d'Alexandre Dumas, 1850.

SUR LEPETITLITTÉRAIRE.FR

- Fiche de lecture sur *Le Comte de Monte-Cristo* d'Alexandre Dumas
- Fiche de lecture sur *Les Trois Mousquetaires* d'Alexandre Dumas

Retrouvez notre offre complète sur lePetitLittéraire.fr

- des fiches de lectures
- des commentaires littéraires
- des questionnaires de lecture
- des résumés

Anouilh
- Antigone

Austen
- Orgueil et Préjugés

Balzac
- Eugénie Grandet
- Le Père Goriot
- Illusions perdues

Barjavel
- La Nuit des temps

Beaumarchais
- Le Mariage de Figaro

Beckett
- En attendant Godot

Breton
- Nadja

Camus
- La Peste
- Les Justes
- L'Étranger

Carrère
- Limonov

Céline
- Voyage au bout de la nuit

Cervantès
- Don Quichotte de la Manche

Chateaubriand
- Mémoires d'outre-tombe

Choderlos de Laclos
- Les Liaisons dangereuses

Chrétien de Troyes
- Yvain ou le Chevalier au lion

Christie
- Dix Petits Nègres

Claudel
- La Petite Fille de Monsieur Linh
- Le Rapport de Brodeck

Coelho
- L'Alchimiste

Conan Doyle
- Le Chien des Baskerville

Dai Sijie
- Balzac et la Petite Tailleuse chinoise

De Gaulle
- Mémoires de guerre III. Le Salut. 1944-1946

De Vigan
- No et moi

Dicker
- La Vérité sur l'affaire Harry Quebert

Diderot
- Supplément au Voyage de Bougainville

Dumas
- Les Trois Mousquetaires

Énard
- Parlez-leur de batailles, de rois et d'éléphants

Ferrari
- Le Sermon sur la chute de Rome

Flaubert
- Madame Bovary

Frank
- Journal d'Anne Frank

Fred Vargas
- Pars vite et reviens tard

Gary
- La Vie devant soi

Gaudé
- La Mort du roi Tsongor
- Le Soleil des Scorta

Gautier
- La Morte amoureuse
- Le Capitaine Fracasse

Gavalda
- 35 kilos d'espoir

Gide
- Les Faux-Monnayeurs

Giono
- Le Grand Troupeau
- Le Hussard sur le toit

Giraudoux
- La guerre de Troie n'aura pas lieu

Golding
- Sa Majesté des Mouches

Grimbert
- Un secret

Hemingway
- Le Vieil Homme et la Mer

Hessel
- Indignez-vous !

Homère
- L'Odyssée

Hugo
- Le Dernier Jour d'un condamné
- Les Misérables
- Notre-Dame de Paris

Huxley
- Le Meilleur des mondes

Ionesco
- Rhinocéros
- La Cantatrice chauve

Jary
- Ubu roi

Jenni
- L'Art français de la guerre

Joffo
- Un sac de billes

Kafka
- La Métamorphose

Kerouac
- Sur la route

Kessel
- Le Lion

Larsson
- Millenium I. Les hommes qui n'aimaient pas les femmes

Le Clézio
- Mondo

Levi
- Si c'est un homme

Levy
- Et si c'était vrai...

Maalouf
- Léon l'Africain

Malraux
- La Condition humaine

Marivaux
- La Double Inconstance
- Le Jeu de l'amour et du hasard

Martinez
- Du domaine des murmures

Maupassant
- Boule de suif
- Le Horla
- Une vie

Mauriac
- Le Nœud de vipères

Mauriac
- Le Sagouin

Mérimée
- Tamango
- Colomba

Merle
- La mort est mon métier

Molière
- Le Misanthrope
- L'Avare
- Le Bourgeois gentilhomme

Montaigne
- Essais

Morpurgo
- Le Roi Arthur

Musset
- Lorenzaccio

Musso
- Que serais-je sans toi ?

Nothomb
- Stupeur et Tremblements

Orwell
- La Ferme des animaux
- 1984

Pagnol
- La Gloire de mon père

Pancol
- Les Yeux jaunes des crocodiles

Pascal
- Pensées

Pennac
- Au bonheur des ogres

Poe
- La Chute de la maison Usher

Proust
- Du côté de chez Swann

Queneau
- Zazie dans le métro

Quignard
- Tous les matins du monde

RABELAIS
- Gargantua

RACINE
- Andromaque
- Britannicus
- Phèdre

ROUSSEAU
- Confessions

ROSTAND
- Cyrano de Bergerac

ROWLING
- Harry Potter à l'école des sorciers

SAINT-EXUPÉRY
- Le Petit Prince
- Vol de nuit

SARTRE
- Huis clos
- La Nausée
- Les Mouches

SCHLINK
- Le Liseur

SCHMITT
- La Part de l'autre
- Oscar et la Dame rose

SEPULVEDA
- Le Vieux qui lisait des romans d'amour

SHAKESPEARE
- Roméo et Juliette

SIMENON
- Le Chien jaune

STEEMAN
- L'Assassin habite au 21

STEINBECK
- Des souris et des hommes

STENDHAL
- Le Rouge et le Noir

STEVENSON
- L'Île au trésor

SÜSKIND
- Le Parfum

TOLSTOÏ
- Anna Karénine

TOURNIER
- Vendredi ou la Vie sauvage

TOUSSAINT
- Fuir

UHLMAN
- L'Ami retrouvé

VERNE
- Le Tour du monde en 80 jours
- Vingt mille lieues sous les mers
- Voyage au centre de la terre

VIAN
- L'Écume des jours

VOLTAIRE
- Candide

WELLS
- La Guerre des mondes

YOURCENAR
- Mémoires d'Hadrien

ZOLA
- Au bonheur des dames
- L'Assommoir
- Germinal

ZWEIG
- Le Joueur d'échecs

Et beaucoup d'autres sur lePetitLittéraire.fr

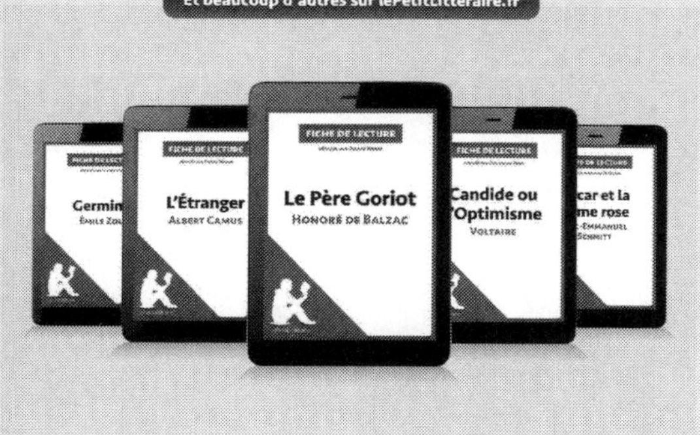

www.lepetitlitteraire.fr

ISBN version imprimée : 978-2-8062-1391-4
ISBN version numérique : 978-2-8062-1884-1
Dépôt légal : D/2013/12.603/246

Printed by Amazon Italia Logistica S.r.l.
Torrazza Piemonte (TO), Italy

47229273R00018